Ce Carnet
Appartient A :

. . . .

La Date: . . . .

Site web :

E-Mail :

Nom D'utilisateur :

Mot de Passe :

Notes :

Site web :

E-Mail :

Nom D'utilisateur :

Mot de Passe :

Notes :

Site web :

E-Mail :

Nom D'utilisateur :

Mot de Passe :

Notes :

La Date: . . . .

Site web : ....

E-Mail : ....

Nom D'utilisateur : ....

Mot de Passe : ....

....

Notes : ....

....

....

Site web : ....

E-Mail : ....

Nom D'utilisateur : ....

Mot de Passe : ....

....

Notes : ....

....

....

Site web : ....

E-Mail : ....

Nom D'utilisateur : ....

Mot de Passe : ....

....

Notes : ....

....

....

La Date: . . . .

Site web :

E-Mail :

Nom D'utilisateur :

Mot de Passe :

Notes :

Site web :

E-Mail :

Nom D'utilisateur :

Mot de Passe :

Notes :

Site web :

E-Mail :

Nom D'utilisateur :

Mot de Passe :

Notes :

La Date: . . . .

Site web : ....

E-Mail : ....

Nom D'utilisateur : ....

Mot de Passe : ....

....

Notes : ....

....

....

Site web : ....

E-Mail : ....

Nom D'utilisateur : ....

Mot de Passe : ....

....

Notes : ....

....

....

Site web : ....

E-Mail : ....

Nom D'utilisateur : ....

Mot de Passe : ....

....

Notes : ....

....

....

La Date: . . . .

Site web :

E-Mail :

Nom D'utilisateur :

Mot de Passe :

Notes :

Site web :

E-Mail :

Nom D'utilisateur :

Mot de Passe :

Notes :

Site web :

E-Mail :

Nom D'utilisateur :

Mot de Passe :

Notes :

La Date: . . . .

Site web : ....

E-Mail : ....

Nom D'utilisateur : ....

Mot de Passe : ....

....

Notes : ....

....

....

Site web : ....

E-Mail : ....

Nom D'utilisateur : ....

Mot de Passe : ....

....

Notes : ....

....

....

Site web : ....

E-Mail : ....

Nom D'utilisateur : ....

Mot de Passe : ....

....

Notes : ....

....

....

La Date: . . . .

Site web :

E-Mail :

Nom D'utilisateur :

Mot de Passe :

Notes :

Site web :

E-Mail :

Nom D'utilisateur :

Mot de Passe :

Notes :

Site web :

E-Mail :

Nom D'utilisateur :

Mot de Passe :

Notes :

La Date: . . . .

Site web : ....

E-Mail : ....

Nom D'utilisateur : ....

Mot de Passe : ....

....

Notes : ....

....

....

Site web : ....

E-Mail : ....

Nom D'utilisateur : ....

Mot de Passe : ....

....

Notes : ....

....

....

Site web : ....

E-Mail : ....

Nom D'utilisateur : ....

Mot de Passe : ....

....

Notes : ....

....

....

La Date: . . . .

Site web :

E-Mail :

Nom D'utilisateur :

Mot de Passe :

Notes :

Site web :

E-Mail :

Nom D'utilisateur :

Mot de Passe :

Notes :

Site web :

E-Mail :

Nom D'utilisateur :

Mot de Passe :

Notes :

La Date: . . . .

Site web : ....

E-Mail : ....

Nom D'utilisateur : ....

Mot de Passe : ....

....

Notes : ....

....

....

Site web : ....

E-Mail : ....

Nom D'utilisateur : ....

Mot de Passe : ....

....

Notes : ....

....

....

Site web : ....

E-Mail : ....

Nom D'utilisateur : ....

Mot de Passe : ....

....

Notes : ....

....

....

La Date: . . . .

Site web :

E-Mail :

Nom D'utilisateur :

Mot de Passe :

Notes :

Site web :

E-Mail :

Nom D'utilisateur :

Mot de Passe :

Notes :

Site web :

E-Mail :

Nom D'utilisateur :

Mot de Passe :

Notes :

La Date: . . . .

Site web :

E-Mail :

Nom D'utilisateur :

Mot de Passe :

Notes :

Site web :

E-Mail :

Nom D'utilisateur :

Mot de Passe :

Notes :

Site web :

E-Mail :

Nom D'utilisateur :

Mot de Passe :

Notes :

La Date: . . . .

Site web :

E-Mail :

Nom D'utilisateur :

Mot de Passe :

Notes :

Site web :

E-Mail :

Nom D'utilisateur :

Mot de Passe :

Notes :

Site web :

E-Mail :

Nom D'utilisateur :

Mot de Passe :

Notes :

La Date: . . . .

Site web :

E-Mail :

Nom D'utilisateur :

Mot de Passe :

Notes :

Site web :

E-Mail :

Nom D'utilisateur :

Mot de Passe :

Notes :

Site web :

E-Mail :

Nom D'utilisateur :

Mot de Passe :

Notes :

La Date: . . . .

Site web :

E-Mail :

Nom D'utilisateur :

Mot de Passe :

Notes :

Site web :

E-Mail :

Nom D'utilisateur :

Mot de Passe :

Notes :

Site web :

E-Mail :

Nom D'utilisateur :

Mot de Passe :

Notes :

La Date: . . . .

Site web :

E-Mail :

Nom D'utilisateur :

Mot de Passe :

Notes :

Site web :

E-Mail :

Nom D'utilisateur :

Mot de Passe :

Notes :

Site web :

E-Mail :

Nom D'utilisateur :

Mot de Passe :

Notes :

La Date: . . . .

Site web :

E-Mail :

Nom D'utilisateur :

Mot de Passe :

Notes :

Site web :

E-Mail :

Nom D'utilisateur :

Mot de Passe :

Notes :

Site web :

E-Mail :

Nom D'utilisateur :

Mot de Passe :

Notes :

La Date: . . . .

Site web :

E-Mail :

Nom D'utilisateur :

Mot de Passe :

Notes :

Site web :

E-Mail :

Nom D'utilisateur :

Mot de Passe :

Notes :

Site web :

E-Mail :

Nom D'utilisateur :

Mot de Passe :

Notes :

La Date: . . . .

Site web :

E-Mail :

Nom D'utilisateur :

Mot de Passe :

Notes :

Site web :

E-Mail :

Nom D'utilisateur :

Mot de Passe :

Notes :

Site web :

E-Mail :

Nom D'utilisateur :

Mot de Passe :

Notes :

La Date: . . . .

Site web : ....

E-Mail : ....

Nom D'utilisateur : ....

Mot de Passe : ....

....

Notes : ....

....

....

Site web : ....

E-Mail : ....

Nom D'utilisateur : ....

Mot de Passe : ....

....

Notes : ....

....

....

Site web : ....

E-Mail : ....

Nom D'utilisateur : ....

Mot de Passe : ....

....

Notes : ....

....

....

La Date: . . . .

Site web :

E-Mail :

Nom D'utilisateur :

Mot de Passe :

Notes :

Site web :

E-Mail :

Nom D'utilisateur :

Mot de Passe :

Notes :

Site web :

E-Mail :

Nom D'utilisateur :

Mot de Passe :

Notes :

La Date: . . . .

Site web :

E-Mail :

Nom D'utilisateur :

Mot de Passe :

Notes :

Site web :

E-Mail :

Nom D'utilisateur :

Mot de Passe :

Notes :

Site web :

E-Mail :

Nom D'utilisateur :

Mot de Passe :

Notes :

La Date: . . . .

Site web :

E-Mail :

Nom D'utilisateur :

Mot de Passe :

Notes :

Site web :

E-Mail :

Nom D'utilisateur :

Mot de Passe :

Notes :

Site web :

E-Mail :

Nom D'utilisateur :

Mot de Passe :

Notes :

La Date: . . . .

Site web :

E-Mail :

Nom D'utilisateur :

Mot de Passe :

Notes :

Site web :

E-Mail :

Nom D'utilisateur :

Mot de Passe :

Notes :

Site web :

E-Mail :

Nom D'utilisateur :

Mot de Passe :

Notes :

La Date: . . . .

Site web :

E-Mail :

Nom D'utilisateur :

Mot de Passe :

Notes :

Site web :

E-Mail :

Nom D'utilisateur :

Mot de Passe :

Notes :

Site web :

E-Mail :

Nom D'utilisateur :

Mot de Passe :

Notes :

La Date: . . . .

Site web : ....

E-Mail : ....

Nom D'utilisateur : ....

Mot de Passe : ....

....

Notes : ....

....

....

Site web : ....

E-Mail : ....

Nom D'utilisateur : ....

Mot de Passe : ....

....

Notes : ....

....

....

Site web : ....

E-Mail : ....

Nom D'utilisateur : ....

Mot de Passe : ....

....

Notes : ....

....

....

La Date: . . . .

Site web :

E-Mail :

Nom D'utilisateur :

Mot de Passe :

Notes :

Site web :

E-Mail :

Nom D'utilisateur :

Mot de Passe :

Notes :

Site web :

E-Mail :

Nom D'utilisateur :

Mot de Passe :

Notes :

La Date: . . . .

Site web :

E-Mail :

Nom D'utilisateur :

Mot de Passe :

Notes :

Site web :

E-Mail :

Nom D'utilisateur :

Mot de Passe :

Notes :

Site web :

E-Mail :

Nom D'utilisateur :

Mot de Passe :

Notes :

La Date: . . . .

Site web :

E-Mail :

Nom D'utilisateur :

Mot de Passe :

Notes :

Site web :

E-Mail :

Nom D'utilisateur :

Mot de Passe :

Notes :

Site web :

E-Mail :

Nom D'utilisateur :

Mot de Passe :

Notes :

La Date: . . . .

Site web :

E-Mail :

Nom D'utilisateur :

Mot de Passe :

Notes :

Site web :

E-Mail :

Nom D'utilisateur :

Mot de Passe :

Notes :

Site web :

E-Mail :

Nom D'utilisateur :

Mot de Passe :

Notes :

La Date: . . . .

Site web :

E-Mail :

Nom D'utilisateur :

Mot de Passe :

Notes :

Site web :

E-Mail :

Nom D'utilisateur :

Mot de Passe :

Notes :

Site web :

E-Mail :

Nom D'utilisateur :

Mot de Passe :

Notes :

La Date: . . . .

Site web :

E-Mail :

Nom D'utilisateur :

Mot de Passe :

Notes :

Site web :

E-Mail :

Nom D'utilisateur :

Mot de Passe :

Notes :

Site web :

E-Mail :

Nom D'utilisateur :

Mot de Passe :

Notes :

La Date: . . . .

Site web :

E-Mail :

Nom D'utilisateur :

Mot de Passe :

Notes :

Site web :

E-Mail :

Nom D'utilisateur :

Mot de Passe :

Notes :

Site web :

E-Mail :

Nom D'utilisateur :

Mot de Passe :

Notes :

La Date: . . . .

Site web : ....

E-Mail : ....

Nom D'utilisateur : ....

Mot de Passe : ....

....

Notes : ....

....

....

Site web : ....

E-Mail : ....

Nom D'utilisateur : ....

Mot de Passe : ....

....

Notes : ....

....

....

Site web : ....

E-Mail : ....

Nom D'utilisateur : ....

Mot de Passe : ....

....

Notes : ....

....

....

La Date: . . . .

Site web :

E-Mail :

Nom D'utilisateur :

Mot de Passe :

Notes :

Site web :

E-Mail :

Nom D'utilisateur :

Mot de Passe :

Notes :

Site web :

E-Mail :

Nom D'utilisateur :

Mot de Passe :

Notes :

La Date: . . . .

Site web : ....

E-Mail : ....

Nom D'utilisateur : ....

Mot de Passe : ....

....

Notes : ....

....

....

Site web : ....

E-Mail : ....

Nom D'utilisateur : ....

Mot de Passe : ....

....

Notes : ....

....

....

Site web : ....

E-Mail : ....

Nom D'utilisateur : ....

Mot de Passe : ....

....

Notes : ....

....

....

La Date: . . . .

Site web :

E-Mail :

Nom D'utilisateur :

Mot de Passe :

Notes :

Site web :

E-Mail :

Nom D'utilisateur :

Mot de Passe :

Notes :

Site web :

E-Mail :

Nom D'utilisateur :

Mot de Passe :

Notes :

La Date: . . . .

Site web : ....

E-Mail : ....

Nom D'utilisateur : ....

Mot de Passe : ....

....

Notes : ....

....

....

Site web : ....

E-Mail : ....

Nom D'utilisateur : ....

Mot de Passe : ....

....

Notes : ....

....

....

Site web : ....

E-Mail : ....

Nom D'utilisateur : ....

Mot de Passe : ....

....

Notes : ....

....

....

La Date: . . . .

Site web :

E-Mail :

Nom D'utilisateur :

Mot de Passe :

Notes :

Site web :

E-Mail :

Nom D'utilisateur :

Mot de Passe :

Notes :

Site web :

E-Mail :

Nom D'utilisateur :

Mot de Passe :

Notes :

La Date: . . . .

Site web :

E-Mail :

Nom D'utilisateur :

Mot de Passe :

Notes :

Site web :

E-Mail :

Nom D'utilisateur :

Mot de Passe :

Notes :

Site web :

E-Mail :

Nom D'utilisateur :

Mot de Passe :

Notes :

La Date: . . . .

Site web :

E-Mail :

Nom D'utilisateur :

Mot de Passe :

Notes :

Site web :

E-Mail :

Nom D'utilisateur :

Mot de Passe :

Notes :

Site web :

E-Mail :

Nom D'utilisateur :

Mot de Passe :

Notes :

La Date: . . . .

Site web :

E-Mail :

Nom D'utilisateur :

Mot de Passe :

Notes :

Site web :

E-Mail :

Nom D'utilisateur :

Mot de Passe :

Notes :

Site web :

E-Mail :

Nom D'utilisateur :

Mot de Passe :

Notes :

La Date: . . . .

Site web :

E-Mail :

Nom D'utilisateur :

Mot de Passe :

Notes :

Site web :

E-Mail :

Nom D'utilisateur :

Mot de Passe :

Notes :

Site web :

E-Mail :

Nom D'utilisateur :

Mot de Passe :

Notes :

La Date: . . . .

Site web : ....

E-Mail : ....

Nom D'utilisateur : ....

Mot de Passe : ....

....

Notes : ....

....

....

Site web : ....

E-Mail : ....

Nom D'utilisateur : ....

Mot de Passe : ....

....

Notes : ....

....

....

Site web : ....

E-Mail : ....

Nom D'utilisateur : ....

Mot de Passe : ....

....

Notes : ....

....

....

La Date: . . . .

Site web :

E-Mail :

Nom D'utilisateur :

Mot de Passe :

Notes :

Site web :

E-Mail :

Nom D'utilisateur :

Mot de Passe :

Notes :

Site web :

E-Mail :

Nom D'utilisateur :

Mot de Passe :

Notes :

La Date: . . . .

Site web :

E-Mail :

Nom D'utilisateur :

Mot de Passe :

Notes :

Site web :

E-Mail :

Nom D'utilisateur :

Mot de Passe :

Notes :

Site web :

E-Mail :

Nom D'utilisateur :

Mot de Passe :

Notes :

La Date: . . . .

Site web :

E-Mail :

Nom D'utilisateur :

Mot de Passe :

Notes :

Site web :

E-Mail :

Nom D'utilisateur :

Mot de Passe :

Notes :

Site web :

E-Mail :

Nom D'utilisateur :

Mot de Passe :

Notes :

La Date: . . . .

Site web :

E-Mail :

Nom D'utilisateur :

Mot de Passe :

Notes :

Site web :

E-Mail :

Nom D'utilisateur :

Mot de Passe :

Notes :

Site web :

E-Mail :

Nom D'utilisateur :

Mot de Passe :

Notes :

La Date: . . . .

Site web :

E-Mail :

Nom D'utilisateur :

Mot de Passe :

Notes :

Site web :

E-Mail :

Nom D'utilisateur :

Mot de Passe :

Notes :

Site web :

E-Mail :

Nom D'utilisateur :

Mot de Passe :

Notes :

La Date: . . . .

Site web :

E-Mail :

Nom D'utilisateur :

Mot de Passe :

Notes :

Site web :

E-Mail :

Nom D'utilisateur :

Mot de Passe :

Notes :

Site web :

E-Mail :

Nom D'utilisateur :

Mot de Passe :

Notes :

La Date: . . . .

Site web :

E-Mail :

Nom D'utilisateur :

Mot de Passe :

Notes :

Site web :

E-Mail :

Nom D'utilisateur :

Mot de Passe :

Notes :

Site web :

E-Mail :

Nom D'utilisateur :

Mot de Passe :

Notes :

La Date: . . . .

Site web :

E-Mail :

Nom D'utilisateur :

Mot de Passe :

Notes :

Site web :

E-Mail :

Nom D'utilisateur :

Mot de Passe :

Notes :

Site web :

E-Mail :

Nom D'utilisateur :

Mot de Passe :

Notes :

La Date: . . . .

Site web :

E-Mail :

Nom D'utilisateur :

Mot de Passe :

Notes :

Site web :

E-Mail :

Nom D'utilisateur :

Mot de Passe :

Notes :

Site web :

E-Mail :

Nom D'utilisateur :

Mot de Passe :

Notes :

La Date: . . . .

Site web :

E-Mail :

Nom D'utilisateur :

Mot de Passe :

Notes :

Site web :

E-Mail :

Nom D'utilisateur :

Mot de Passe :

Notes :

Site web :

E-Mail :

Nom D'utilisateur :

Mot de Passe :

Notes :

La Date: . . . .

Site web :

E-Mail :

Nom D'utilisateur :

Mot de Passe :

Notes :

Site web :

E-Mail :

Nom D'utilisateur :

Mot de Passe :

Notes :

Site web :

E-Mail :

Nom D'utilisateur :

Mot de Passe :

Notes :

La Date: . . . .

Site web : ....

E-Mail : ....

Nom D'utilisateur : ....

Mot de Passe : ....

....

Notes : ....

....

....

Site web : ....

E-Mail : ....

Nom D'utilisateur : ....

Mot de Passe : ....

....

Notes : ....

....

....

Site web : ....

E-Mail : ....

Nom D'utilisateur : ....

Mot de Passe : ....

....

Notes : ....

....

....

La Date: . . . .

Site web :

E-Mail :

Nom D'utilisateur :

Mot de Passe :

Notes :

Site web :

E-Mail :

Nom D'utilisateur :

Mot de Passe :

Notes :

Site web :

E-Mail :

Nom D'utilisateur :

Mot de Passe :

Notes :

La Date: . . . .

Site web : ....

E-Mail : ....

Nom D'utilisateur : ....

Mot de Passe : ....

....

Notes : ....

....

....

Site web : ....

E-Mail : ....

Nom D'utilisateur : ....

Mot de Passe : ....

....

Notes : ....

....

....

Site web : ....

E-Mail : ....

Nom D'utilisateur : ....

Mot de Passe : ....

....

Notes : ....

....

....

La Date: . . . .

Site web :

E-Mail :

Nom D'utilisateur :

Mot de Passe :

Notes :

Site web :

E-Mail :

Nom D'utilisateur :

Mot de Passe :

Notes :

Site web :

E-Mail :

Nom D'utilisateur :

Mot de Passe :

Notes :

La Date: . . . .

Site web :

E-Mail :

Nom D'utilisateur :

Mot de Passe :

Notes :

Site web :

E-Mail :

Nom D'utilisateur :

Mot de Passe :

Notes :

Site web :

E-Mail :

Nom D'utilisateur :

Mot de Passe :

Notes :

La Date: . . . .

Site web :

E-Mail :

Nom D'utilisateur :

Mot de Passe :

Notes :

Site web :

E-Mail :

Nom D'utilisateur :

Mot de Passe :

Notes :

Site web :

E-Mail :

Nom D'utilisateur :

Mot de Passe :

Notes :

La Date: . . . .

Site web :

E-Mail :

Nom D'utilisateur :

Mot de Passe :

Notes :

Site web :

E-Mail :

Nom D'utilisateur :

Mot de Passe :

Notes :

Site web :

E-Mail :

Nom D'utilisateur :

Mot de Passe :

Notes :

La Date: . . . .

Site web :

E-Mail :

Nom D'utilisateur :

Mot de Passe :

Notes :

Site web :

E-Mail :

Nom D'utilisateur :

Mot de Passe :

Notes :

Site web :

E-Mail :

Nom D'utilisateur :

Mot de Passe :

Notes :

La Date: . . . .

Site web :

E-Mail :

Nom D'utilisateur :

Mot de Passe :

Notes :

Site web :

E-Mail :

Nom D'utilisateur :

Mot de Passe :

Notes :

Site web :

E-Mail :

Nom D'utilisateur :

Mot de Passe :

Notes :

La Date: . . . .

Site web :

E-Mail :

Nom D'utilisateur :

Mot de Passe :

Notes :

Site web :

E-Mail :

Nom D'utilisateur :

Mot de Passe :

Notes :

Site web :

E-Mail :

Nom D'utilisateur :

Mot de Passe :

Notes :

La Date: . . . .

Site web :

E-Mail :

Nom D'utilisateur :

Mot de Passe :

Notes :

Site web :

E-Mail :

Nom D'utilisateur :

Mot de Passe :

Notes :

Site web :

E-Mail :

Nom D'utilisateur :

Mot de Passe :

Notes :

La Date: . . . .

Site web :

E-Mail :

Nom D'utilisateur :

Mot de Passe :

Notes :

Site web :

E-Mail :

Nom D'utilisateur :

Mot de Passe :

Notes :

Site web :

E-Mail :

Nom D'utilisateur :

Mot de Passe :

Notes :

La Date: . . . .

Site web : ....

E-Mail : ....

Nom D'utilisateur : ....

Mot de Passe : ....

....

Notes : ....

....

....

Site web : ....

E-Mail : ....

Nom D'utilisateur : ....

Mot de Passe : ....

....

Notes : ....

....

....

Site web : ....

E-Mail : ....

Nom D'utilisateur : ....

Mot de Passe : ....

....

Notes : ....

....

....

La Date: . . . .

Site web :

E-Mail :

Nom D'utilisateur :

Mot de Passe :

Notes :

Site web :

E-Mail :

Nom D'utilisateur :

Mot de Passe :

Notes :

Site web :

E-Mail :

Nom D'utilisateur :

Mot de Passe :

Notes :

La Date: . . . .

Site web : ....

E-Mail : ....

Nom D'utilisateur : ....

Mot de Passe : ....

....

Notes : ....

....

....

Site web : ....

E-Mail : ....

Nom D'utilisateur : ....

Mot de Passe : ....

....

Notes : ....

....

....

Site web : ....

E-Mail : ....

Nom D'utilisateur : ....

Mot de Passe : ....

....

Notes : ....

....

....

La Date: . . . .

Site web : ....

E-Mail : ....

Nom D'utilisateur : ....

Mot de Passe : ....

....

Notes : ....

....

....

Site web : ....

E-Mail : ....

Nom D'utilisateur : ....

Mot de Passe : ....

....

Notes : ....

....

....

Site web : ....

E-Mail : ....

Nom D'utilisateur : ....

Mot de Passe : ....

....

Notes : ....

....

....

La Date: . . . .

Site web :

E-Mail :

Nom D'utilisateur :

Mot de Passe :

Notes :

Site web :

E-Mail :

Nom D'utilisateur :

Mot de Passe :

Notes :

Site web :

E-Mail :

Nom D'utilisateur :

Mot de Passe :

Notes :

La Date: . . . .

Site web :

E-Mail :

Nom D'utilisateur :

Mot de Passe :

Notes :

Site web :

E-Mail :

Nom D'utilisateur :

Mot de Passe :

Notes :

Site web :

E-Mail :

Nom D'utilisateur :

Mot de Passe :

Notes :

La Date: . . . .

Site web :

E-Mail :

Nom D'utilisateur :

Mot de Passe :

Notes :

Site web :

E-Mail :

Nom D'utilisateur :

Mot de Passe :

Notes :

Site web :

E-Mail :

Nom D'utilisateur :

Mot de Passe :

Notes :

La Date: . . . .

Site web :

E-Mail :

Nom D'utilisateur :

Mot de Passe :

Notes :

Site web :

E-Mail :

Nom D'utilisateur :

Mot de Passe :

Notes :

Site web :

E-Mail :

Nom D'utilisateur :

Mot de Passe :

Notes :

La Date: . . . .

Site web : ....

E-Mail : ....

Nom D'utilisateur : ....

Mot de Passe : ....

....

Notes : ....

....

....

Site web : ....

E-Mail : ....

Nom D'utilisateur : ....

Mot de Passe : ....

....

Notes : ....

....

....

Site web : ....

E-Mail : ....

Nom D'utilisateur : ....

Mot de Passe : ....

....

Notes : ....

....

....

La Date: . . . .

Site web :

E-Mail :

Nom D'utilisateur :

Mot de Passe :

Notes :

Site web :

E-Mail :

Nom D'utilisateur :

Mot de Passe :

Notes :

Site web :

E-Mail :

Nom D'utilisateur :

Mot de Passe :

Notes :

La Date: . . . .

Site web :

E-Mail :

Nom D'utilisateur :

Mot de Passe :

Notes :

Site web :

E-Mail :

Nom D'utilisateur :

Mot de Passe :

Notes :

Site web :

E-Mail :

Nom D'utilisateur :

Mot de Passe :

Notes :

La Date: . . . .

Site web :

E-Mail :

Nom D'utilisateur :

Mot de Passe :

Notes :

Site web :

E-Mail :

Nom D'utilisateur :

Mot de Passe :

Notes :

Site web :

E-Mail :

Nom D'utilisateur :

Mot de Passe :

Notes :

La Date: . . . .

Site web : ....

E-Mail : ....

Nom D'utilisateur : ....

Mot de Passe : ....

....

Notes : ....

....

....

Site web : ....

E-Mail : ....

Nom D'utilisateur : ....

Mot de Passe : ....

....

Notes : ....

....

....

Site web : ....

E-Mail : ....

Nom D'utilisateur : ....

Mot de Passe : ....

....

Notes : ....

....

....

La Date: . . . .

Site web :

E-Mail :

Nom D'utilisateur :

Mot de Passe :

Notes :

Site web :

E-Mail :

Nom D'utilisateur :

Mot de Passe :

Notes :

Site web :

E-Mail :

Nom D'utilisateur :

Mot de Passe :

Notes :

La Date: . . . .

Site web :

E-Mail :

Nom D'utilisateur :

Mot de Passe :

Notes :

Site web :

E-Mail :

Nom D'utilisateur :

Mot de Passe :

Notes :

Site web :

E-Mail :

Nom D'utilisateur :

Mot de Passe :

Notes :

La Date: . . . .

Site web :

E-Mail :

Nom D'utilisateur :

Mot de Passe :

Notes :

Site web :

E-Mail :

Nom D'utilisateur :

Mot de Passe :

Notes :

Site web :

E-Mail :

Nom D'utilisateur :

Mot de Passe :

Notes :

La Date: . . . .

Site web :

E-Mail :

Nom D'utilisateur :

Mot de Passe :

Notes :

Site web :

E-Mail :

Nom D'utilisateur :

Mot de Passe :

Notes :

Site web :

E-Mail :

Nom D'utilisateur :

Mot de Passe :

Notes :

La Date: . . . .

Site web :

E-Mail :

Nom D'utilisateur :

Mot de Passe :

Notes :

Site web :

E-Mail :

Nom D'utilisateur :

Mot de Passe :

Notes :

Site web :

E-Mail :

Nom D'utilisateur :

Mot de Passe :

Notes :

La Date: . . . .

Site web :

E-Mail :

Nom D'utilisateur :

Mot de Passe :

Notes :

Site web :

E-Mail :

Nom D'utilisateur :

Mot de Passe :

Notes :

Site web :

E-Mail :

Nom D'utilisateur :

Mot de Passe :

Notes :

La Date: . . . .

Site web :

E-Mail :

Nom D'utilisateur :

Mot de Passe :

Notes :

Site web :

E-Mail :

Nom D'utilisateur :

Mot de Passe :

Notes :

Site web :

E-Mail :

Nom D'utilisateur :

Mot de Passe :

Notes :

La Date: . . . .

Site web :

E-Mail :

Nom D'utilisateur :

Mot de Passe :

Notes :

Site web :

E-Mail :

Nom D'utilisateur :

Mot de Passe :

Notes :

Site web :

E-Mail :

Nom D'utilisateur :

Mot de Passe :

Notes :

La Date: . . . .

Site web :

E-Mail :

Nom D'utilisateur :

Mot de Passe :

Notes :

Site web :

E-Mail :

Nom D'utilisateur :

Mot de Passe :

Notes :

Site web :

E-Mail :

Nom D'utilisateur :

Mot de Passe :

Notes :

La Date: . . . .

Site web :

E-Mail :

Nom D'utilisateur :

Mot de Passe :

Notes :

Site web :

E-Mail :

Nom D'utilisateur :

Mot de Passe :

Notes :

Site web :

E-Mail :

Nom D'utilisateur :

Mot de Passe :

Notes :

La Date: . . . .

Site web :

E-Mail :

Nom D'utilisateur :

Mot de Passe :

Notes :

Site web :

E-Mail :

Nom D'utilisateur :

Mot de Passe :

Notes :

Site web :

E-Mail :

Nom D'utilisateur :

Mot de Passe :

Notes :

La Date: . . . .

Site web :

E-Mail :

Nom D'utilisateur :

Mot de Passe :

Notes :

Site web :

E-Mail :

Nom D'utilisateur :

Mot de Passe :

Notes :

Site web :

E-Mail :

Nom D'utilisateur :

Mot de Passe :

Notes :

La Date: . . . .

Site web :

E-Mail :

Nom D'utilisateur :

Mot de Passe :

Notes :

Site web :

E-Mail :

Nom D'utilisateur :

Mot de Passe :

Notes :

Site web :

E-Mail :

Nom D'utilisateur :

Mot de Passe :

Notes :

La Date: . . . .

Site web :

E-Mail :

Nom D'utilisateur :

Mot de Passe :

Notes :

Site web :

E-Mail :

Nom D'utilisateur :

Mot de Passe :

Notes :

Site web :

E-Mail :

Nom D'utilisateur :

Mot de Passe :

Notes :

La Date: . . . .

Site web :

E-Mail :

Nom D'utilisateur :

Mot de Passe :

Notes :

Site web :

E-Mail :

Nom D'utilisateur :

Mot de Passe :

Notes :

Site web :

E-Mail :

Nom D'utilisateur :

Mot de Passe :

Notes :

La Date: . . . .

Site web :

E-Mail :

Nom D'utilisateur :

Mot de Passe :

Notes :

Site web :

E-Mail :

Nom D'utilisateur :

Mot de Passe :

Notes :

Site web :

E-Mail :

Nom D'utilisateur :

Mot de Passe :

Notes :

La Date: . . . .

Site web :

E-Mail :

Nom D'utilisateur :

Mot de Passe :

Notes :

Site web :

E-Mail :

Nom D'utilisateur :

Mot de Passe :

Notes :

Site web :

E-Mail :

Nom D'utilisateur :

Mot de Passe :

Notes :

La Date: . . . .

Site web : ....

E-Mail : ....

Nom D'utilisateur : ....

Mot de Passe : ....

....

Notes : ....

....

....

Site web : ....

E-Mail : ....

Nom D'utilisateur : ....

Mot de Passe : ....

....

Notes : ....

....

....

Site web : ....

E-Mail : ....

Nom D'utilisateur : ....

Mot de Passe : ....

....

Notes : ....

....

....

La Date: . . . .

Site web :

E-Mail :

Nom D'utilisateur :

Mot de Passe :

Notes :

Site web :

E-Mail :

Nom D'utilisateur :

Mot de Passe :

Notes :

Site web :

E-Mail :

Nom D'utilisateur :

Mot de Passe :

Notes :

La Date: . . . .

Site web :

E-Mail :

Nom D'utilisateur :

Mot de Passe :

Notes :

Site web :

E-Mail :

Nom D'utilisateur :

Mot de Passe :

Notes :

Site web :

E-Mail :

Nom D'utilisateur :

Mot de Passe :

Notes :

La Date: . . . .

Site web :

E-Mail :

Nom D'utilisateur :

Mot de Passe :

Notes :

Site web :

E-Mail :

Nom D'utilisateur :

Mot de Passe :

Notes :

Site web :

E-Mail :

Nom D'utilisateur :

Mot de Passe :

Notes :

La Date: . . . .

Site web :

E-Mail :

Nom D'utilisateur :

Mot de Passe :

Notes :

Site web :

E-Mail :

Nom D'utilisateur :

Mot de Passe :

Notes :

Site web :

E-Mail :

Nom D'utilisateur :

Mot de Passe :

Notes :

La Date: . . . .

Site web :

E-Mail :

Nom D'utilisateur :

Mot de Passe :

Notes :

Site web :

E-Mail :

Nom D'utilisateur :

Mot de Passe :

Notes :

Site web :

E-Mail :

Nom D'utilisateur :

Mot de Passe :

Notes :

La Date: . . . .

Site web : ....

E-Mail : ....

Nom D'utilisateur : ....

Mot de Passe : ....

....

Notes : ....

....

....

Site web : ....

E-Mail : ....

Nom D'utilisateur : ....

Mot de Passe : ....

....

Notes : ....

....

....

Site web : ....

E-Mail : ....

Nom D'utilisateur : ....

Mot de Passe : ....

....

Notes : ....

....

....

La Date: . . . .

Site web :

E-Mail :

Nom D'utilisateur :

Mot de Passe :

Notes :

Site web :

E-Mail :

Nom D'utilisateur :

Mot de Passe :

Notes :

Site web :

E-Mail :

Nom D'utilisateur :

Mot de Passe :

Notes :

La Date: . . . .

Site web :

E-Mail :

Nom D'utilisateur :

Mot de Passe :

Notes :

Site web :

E-Mail :

Nom D'utilisateur :

Mot de Passe :

Notes :

Site web :

E-Mail :

Nom D'utilisateur :

Mot de Passe :

Notes :

La Date: . . . .

Site web :

E-Mail :

Nom D'utilisateur :

Mot de Passe :

Notes :

Site web :

E-Mail :

Nom D'utilisateur :

Mot de Passe :

Notes :

Site web :

E-Mail :

Nom D'utilisateur :

Mot de Passe :

Notes :

La Date: . . . .

Site web :

E-Mail :

Nom D'utilisateur :

Mot de Passe :

Notes :

Site web :

E-Mail :

Nom D'utilisateur :

Mot de Passe :

Notes :

Site web :

E-Mail :

Nom D'utilisateur :

Mot de Passe :

Notes :

La Date: . . . .

Site web :

E-Mail :

Nom D'utilisateur :

Mot de Passe :

Notes :

Site web :

E-Mail :

Nom D'utilisateur :

Mot de Passe :

Notes :

Site web :

E-Mail :

Nom D'utilisateur :

Mot de Passe :

Notes :

La Date: . . . .

Site web : ....

E-Mail : ....

Nom D'utilisateur : ....

Mot de Passe : ....

....

Notes : ....

....

....

Site web : ....

E-Mail : ....

Nom D'utilisateur : ....

Mot de Passe : ....

....

Notes : ....

....

....

Site web : ....

E-Mail : ....

Nom D'utilisateur : ....

Mot de Passe : ....

....

Notes : ....

....

....

La Date: . . . .

Site web :

E-Mail :

Nom D'utilisateur :

Mot de Passe :

Notes :

Site web :

E-Mail :

Nom D'utilisateur :

Mot de Passe :

Notes :

Site web :

E-Mail :

Nom D'utilisateur :

Mot de Passe :

Notes :

La Date: . . . .

Site web :

E-Mail :

Nom D'utilisateur :

Mot de Passe :

Notes :

Site web :

E-Mail :

Nom D'utilisateur :

Mot de Passe :

Notes :

Site web :

E-Mail :

Nom D'utilisateur :

Mot de Passe :

Notes :

www.ingramcontent.com/pod-product-compliance
Lightning Source LLC
Chambersburg PA
CBHW021834170526
45157CB00007B/2795
* 9 7 8 1 0 7 6 6 5 5 2 0 2 *